FINECON

Economia Financeira para Iniciantes

Benjamin S. Richman

Sumário

FINANÇAS ECONÔMICAS	5
Introdução	6
Orçamento	6
Cortando Custos	8
Investindo	13
O Poder dos Juros Compostos	14
Como calcular o retorno de um investimento?	16
Criando uma Reserva de Emergência	18
Onde aplicar minha Reserva de Emergência?	21
Caderneta de Poupança	21
Taxa Selic	23
Curva de Phillips	25
Tesouro Selic	26
Tabela Regressiva do IOF e Alíquotas do IR	27
Certificado de Depósito Bancário (CDB)	28
Objetivos de Curto, Médio e Longo Prazo	32
Os Perfis de Investidor	33
Outros Investimentos de Renda Fixa	34
LCI e LCA	35
Letra de Câmbio (LC)	36

Bancos, Financeiras e Corretoras, qual a diferença?	36
Recibos de Depósito Bancário (RDB)	38
Cooperativas de Créditos	39
Recibo de Depósito Cooperativo (RDC)	41
CRI e CRA	41
Renda Variável	42
Fundos de Investimento	43
Cotas e Come-cotas	44
Fundos Multimercados	48
Fundos Cambiais	50
Fundos Imobiliários (FIIs)	51
Fundos de Ações	52
Ações	53
Custos de se investir em ações	55
Um pouco de Economia	57
A tomada de decisões dos indivíduos	57
Custo de Oportunidade (*trade-off*)	59
Oferta e Demanda	60
Preços	62
Como os preços alocam recursos?	63
Controle de Preços	64

p. 3

Moeda 68

Palavras Finais 71

Finanças Econômicas

Introdução

Ninguém nesta vida quer se preocupar com o pagamento de dívidas ou ter um emprego enfadonho. A liberdade financeira é o que nós mortais queremos atingir. Felizmente existe uma forma para se chegar até ela e é fazendo boas decisões.

Pense que cada decisão tomada, seja ela por impulso ou não, tem um diferencial enorme em sua vida no longo prazo. Infelizmente alguns aprendem essa verdade de maneira difícil e outros sequer conseguem.

Neste livro você aprenderá muito sobre como se proteger e tomar boas decisões. Sua saúde financeira depende exclusivamente de você e de sua dedicação.

Meu nome é Benjamin S. Richman e sou um instrutor financeiro (CFP), graduado em administração de empresas com MBA em Contabilidade e Finanças, atuo a mais de onze anos dando consultoria técnica a pessoas e empresas.

Nesta primeira parte, falarei sobre a importância das finanças pessoais e como você pode equilibrar seus gastos. Posteriormente explicarei sobre os tipos de investimentos que você terá acesso ao sair do vermelho e logo após finalizarei com alguns conceitos econômicos valiosos para seu aprendizado.

Orçamento

O orçamento é a previsão das receitas e despesas aplicáveis a um período. Nas finanças pessoais as receitas precisam ser maiores que as despesas, caso contrário você se tornará uma pessoa endividada.

Não é muito difícil. Se você gasta muito deverá gastar menos e se você ganha pouco, terá que aumentar sua renda. É importante ter em mente que seu sacrifício no presente te dará tranquilidade no futuro.

Investimentos te trarão benefícios enquanto gastos sumirão com seu dinheiro para sempre.

Aqui somamos nossas receitas e subtraímos nossas despesas. Uma coisa a princípio simples e que porém, muitas pessoas esquecem de colocar em prática ao planejar e tomar decisões. Ter um balanço no azul é o que a maioria das pessoas almejam. No entanto isso apesar de modo teórico parecer fácil, exige certa educação financeira dos indivíduos.

Você sabe por que os juros do cartão de crédito são tão altos? E porque é tão difícil conseguir um empréstimo em um banco se você não tem patrimônio declarado? A resposta resumida é que uma grande parcela da população brasileira não honra seus pagamentos como estipulado. Para você ter ideia, segundo a Confederação Nacional de Dirigentes Lojistas, 41% da população adulta brasileira ou seja 62,9 milhões de pessoas atrasam o pagamento de suas contas e por isso muitas ficam inadimplentes[1].

---

[1]
https://economia.uol.com.br/noticias/redacao/2019/01/15/cividas-em-atraso-calote-spc-brasil-2018.htm

Precisamos ter uma rota de saída para uma vida mais confortável e por isso cuidar de nossa saúde financeira é essencial. Em um mundo em que estamos sendo bombardeados a todo momento por informações e ofertas de produtos e serviços, precisamos utilizar de nossas habilidades gerenciais para controlar o que é e o que não é conveniente consumir.

É sua responsabilidade se educar para ter um futuro mais agradável. Nós queremos o mundo, mas nem sempre podemos tê-lo.

Cortando Custos

Os gastos excessivos podem aumentar a lacuna entre suas despesas e receitas. Você deve pensar várias vezes antes de fazer uma compra. Quando você se interessar por uma coisa, reflita se ela te trará algum benefício significante que justifique sua aquisição.

Fique atento se não há meios de usufruir de tal bem ou serviço de forma temporária ou sem custos. Caso seja um bem de consumo procure por bens alternativos ou mais baratos.

Se você possui um empréstimo em aberto ou vários, é racional pagar os empréstimos com as taxas de juros mais altas prioritariamente. A renegociação de dívidas também é interessante para os superendividados.

Lembre-se que você está dando dinheiro ao banco e isso não aumenta sua riqueza. Quando você pagar suas dívidas aí sim poderemos colocar os juros compostos trabalhando a seu favor.

Um outro gasto que pesa no bolso são os relacionados a moradia. Se você gasta mais de 30% da sua receita pagando uma habitação é aconselhável que procure um lugar mais barato ou divida o aluguel com outras pessoas.

As tarifas bancárias também pesam no orçamento quando olhamos em um cenário mais longo. É injustificável pagar por um serviço se você pode tê-lo sem custo direto. Essas tarifas geralmente incidem todo mês para manterem sua conta funcionando com aquele pacote de serviços que seu querido gerente de banco lhe empurrou.

A boa notícia é que todo cidadão brasileiro tem direito a uma conta bancária com serviços essenciais em qualquer banco comercial. Veja a tabela de serviços obrigatórios que devem ser fornecidos nesse pacote gratuito.

Conta Essencial Gratuita
- Cartão de Débito
- 4 Saques por Mês
- 2 Extratos físicos por Mês
- 10 Folhas de Cheque por Mês
- Consultas pela Internet

Quer ter um bom crédito no mercado? A primeira coisa que você precisa fazer é aniquilar suas dívidas. Pague sempre suas contas em dia. Uma dica é colocar suas contas cíclicas em débito automático.

Os cartões de crédito são as piores armadilhas para pessoas sem educação financeira. Quando você tem o crédito aprovado e anda com esse dinheirinho de plástico na mão, você tem a falsa sensação de possuir mais do que realmente tem.

Claro, o banco que lhe deu este cartão tem segundas intenções e se você for ingênuo o bastante ele tirará grande proveito de sua inocência.

Lembre-se: Todo crédito tomado deve ser pago no dia acordado, caso contrário você terá de pagar com juros altíssimos e se seu esquecimento ou inabilidade para pagá-lo acontecer periodicamente a avalanche dos juros de crédito pessoal irá te devorar vivo.

Por outro lado, você pode usar o cartão de crédito a seu favor quando você tiver a certeza de que aquele débito será pago no vencimento da fatura. Não conte com achismos para se programar. Tenha certeza de que terá o recurso necessário para pagar o crédito tomado.

Procure obter o máximo de clareza sobre sua situação financeira. Registre todos os seus gastos em um aplicativo ou planilha e veja quais são os que mais abocanham sua receita.

Estarei disponibilizando esta planilha gratuita no Google Docs para que você comece a se programar. Para editá-la clique em Arquivo > Fazer uma cópia > Escolha a pasta do seu Google Drive e clique em salvar.

Satisfações instantâneas são tipos de escolha que lhe deixam cada vez mais longe da independência financeira. Lembre-se que as melhores barganhas são as planejadas. Quanto melhor você conhece sobre um produto ou serviço, mais munição terá para barganhar e fazer boas escolhas.

Você sabia que os supermercados e lojas são projetados de uma forma que propiciem o consumo? Isso mesmo! E esses incentivos vão desde a iluminação até a forma com que os produtos ficam ordenados nas prateleiras. Uma dica é ir com uma lista pronta do que você deve comprar e não acrescentar mais nada no carrinho. Isso vai prevenir que você aja de forma compulsiva no compra de produtos.

Lembre-se! O desconto geralmente é maior quando você não compra o produto. Sabe aquele velho ditado? "Quando o milagre é demais o santo desconfia". Pois é.... Quando uma oferta parecer muito tentadora, pense duas vezes se realmente ela está valendo a pena. Conheça o histórico de preços do produto e de seus similares. Pesquise o preço na concorrência e munido dessas informações barganhe muito, pois o pesadelo de qualquer vendedor é ter produto parado no estoque.

Você pode criar formas passivas que lhe darão dinheiro. Por exemplo: Colocar R$100 reais em um investimento pode lhe dar um retorno de alguns reais durante um tempo. Seu dinheiro estará trabalhando para você. Atrasar sua gratificação lhe renderá mais dinheiro.

Lembre-se que após começar a cortar seus gastos você precisa estabelecer seus objetivos. Vai guardar dinheiro para comprar um produto que você deseja? Comprar um carro? Ou guardar para aposentadoria? Defina seus objetivos.

Investindo

O medo impede que muitas pessoas comecem a investir. Muitos de nós temos medo do que não conhecemos e é normal. Mas assim que atingimos a esfera do conhecimento, o medo desaparece e a dá lugar a confiança e ao sucesso. Se os grandes investidores nunca tivessem cruzado essa barreira, eles não seriam o que são hoje.

Então lhe faço as seguintes indagações:

- Se você já é um investidor: Quais foram seus maiores erros ao investir? Cite ao menos um.
- Se você ainda não é um investidor: Quais os maiores erros você tem medo de fazer?

Você sabia que a maioria dos investidores iniciantes já começa errando antes mesmo de fazer uma negociação? Investir sem conhecer pode fazer você perder muito dinheiro. E é justamente essa falha em fazer o trabalho de sondagem preparatório que te faz ser comido vivo pelo mercado.

Sem buscar um conhecimento básico para empreender seus investimentos você poderá perder dinheiro ao invés de ganhá-lo. O que me faz lembrar de te informar a regra primordial dos Investimentos: Nunca invista no que você não conhece.

Nesse livro irei discorrer sobre os conceitos básicos de economia financeira, bem como os diferentes tipos de investimentos disponíveis no mercado para te dar um panorama geral sobre a importância do planejamento financeiro.

O Poder dos Juros Compostos

O poder dos juros compostos nos dá uma boa razão para colocarmos cada vez mais nosso dinheiro em investimentos de renda fixa e variável. Os juros compostos funcionam da seguinte forma:

Digamos que Maria tenha economizado R$1.000 em moeda física e resolva deixá-los parados por trinta anos, em 30 anos Maria ela vai acabar terminando com seus R$1.000. Porém um fator entra em cena: A Inflação. Deixando seus R$1.000 em dinheiro parados em um canto, Maria vai ter um poder de compra inferior aos R$1.000 poupados 30 anos antes. Ela acabará perdendo dinheiro.

Ter nosso dinheiro investido é bom não apenas para o nosso crescimento mas também para vencer a inflação. Enquanto o tempo passa, nosso dinheiro acaba se tornando menos valioso. É por isso que no ano 2000 conseguíamos comprar com R$100 muito mais coisas do que compramos hoje.

Por outro lado temos Pedro, com 30 anos de idade que colocou R$1.000 em um Fundo de Investimento com um retorno anual de 7% e nenhuma contribuição adicional, mesmo assim depois de 30 anos, Pedro conseguiu o montante de R$7.612. Nada mal! Mas ele poderia alocar melhor esse dinheiro.

No mesmo caminho Melissa investiu aos 30 anos também R$1.000 e mensalmente fez um aporte de R$50 durante 30 anos. Aos 60 anos Melissa vai ter um patrimônio de R$63.256.

Tudo isso parece muito bom, porém a inflação vai fazer todo o seu capital acumulado parecer um pouco menor. A inflação média no Brasil durante o período de 1997 até 2017 foi de 5%. Neste caso, devemos descontar a taxa inflacionaria da taxa de retorno do investimento. Neste caso 7% (Retorno do investimento) - 5% (inflação anual) = 2%. Nossa taxa de retorno real foi de 2%.

Investir bem é maximizar essa taxa de retorno não apenas para bater a inflação como também para fazer a melhor decisão sobre o seu dinheiro, aumentando o tamanho do seu patrimônio. Agora que você conhece o poder real dos juros compostos, poderei lhe ensinar as regras básicas para começar a investir o seu dinheiro.

Como calcular o retorno de um investimento?

Para calcular o valor de retorno de um investimento precisamos utilizar a seguinte fórmula:

$$M = C \cdot (1+i)^n$$
$$M = C + J$$
$$J = M - C$$

M = Montante

C = Capital Aplicado

i = taxa de juros composto

n = tempo de aplicação

J = juros composto

O capital é o valor inicial disponível para aplicação. O Montante é o Capital aplicado mais os Juros retornados. Ou seja: O valor total após a aplicação render juros. **M = C + J**.

E os Juros são o pagamento pelo tempo de aplicação do capital. Sendo calculado pela subtração do capital ao montante total. **J = M − C**.

Os Juros são representados pela parte da fórmula **(1 + i) elevado a n** ou **(1+i)^n** e variam de acordo com o capital investido, tempo de aplicação e a taxa de juros.

A variável **n** diz respeito ao tempo (nessa parte você vai preencher o tempo esperado do investimento ou a duração do título) e a variável **i** corresponde a taxa de juros investida (os investimentos tem taxas de retorno diferentes).

As taxas de juros (**i**) precisam ser expressas nessa fórmula por **números decimais** (números não inteiros demonstrados por vírgulas). Para fazer isso é só dividir o número nominal da taxa de juros por 100. Por exemplo: Uma taxa de juros de 0,38% a.m. passa a ser na fórmula expressada por 0,0038 pois 0,38 dividido por 100 resulta neste valor. Juros de 12% ao ano passam a ser expressos por 0,12.

Note que para o cálculo correto do retorno é preciso harmonizar o tempo e a taxa de juros. Ambos precisam se referir a mesma unidade de tempo. Se a taxa de juros for dada em Ano (**a.a.**) e o tempo de resgate em meses, você deve dividir a taxa por 12 (quantidade de meses do ano) e então terá a taxa de juros ao Mês (**a.m.**).

Caso a taxa de juros seja dada ao mês e o tempo de investimentos seja calculado em anos é só multiplicar a taxa de juros mensal por 12. Esse cálculo vale para os títulos prefixados, quando já sabemos o valor exato a ser retornado pela aplicação em dado período de tempo.

Criando uma Reserva de Emergência

O primeiro passo para ser um investidor de sucesso é criar sua reserva de emergência. Entender o papel de uma reserva de emergência é fundamental para prosseguir com nossos investimentos.

A reserva de emergência serve para amortecer custos inesperados ou seja: de emergência. Ela serve como um paraquedas. É um fundo em que, caso aconteça algum imprevisto, você tenha ao que recorrer, sem necessitar de pegar empréstimos a juros altos nos bancos.

Se ainda não tem uma, é essencial que você comece a criar um fundo emergencial imediatamente. Pois você não deve começar a investir seu dinheiro sem ter o mínimo assegurado para sua sobrevivência. Não importa quais sejam seus objetivos e o seu perfil de investimento.

O que aconteceria se você perdesse seu trabalho, ficasse doente ou precisasse consertar seu carro? Você precisa ter uma quantia guardada para esses imprevistos.

Como calcular o valor da minha reserva de emergência? Bom! Não existe nada fixo, porém muitas pessoas utilizam a regra dos 6 meses.

Ela funciona assim: Você calcula quanto gasta para viver durante um mês com o essencial e então multiplica este valor pela quantidade de meses que quer garantir. No nosso caso, vamos começar com uma quantia de 6 meses, que é o tempo médio necessário para reorganizar seus esforços.

Por exemplo: Maria gasta em média R$240 para pagar contas de consumo (energia, água e internet), R$400 com alimentação, R$30 com transporte e R$30 com lazer. Sua média mensal de gastos é de R$700. Logo o cálculo de sua reserva deverá ser de R$700 x 6 meses = R$4.200.

Gastos de Maria

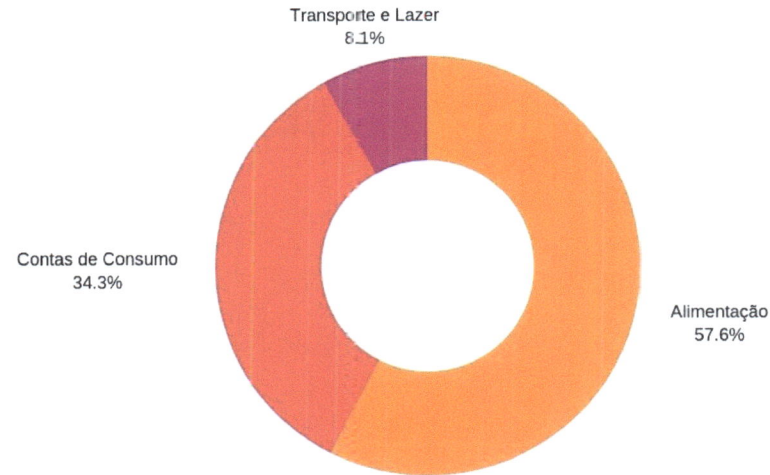

Maria precisará ter uma reserva de emergência de R$4.200. Agora como ela conseguirá juntar este montante? Ela terá duas opções:

A) Aumentar sua renda.
B) Consumir menos do que ganha.

Embora pareça complicado no início, é indispensável que Maria faça essa poupança de emergência mesmo que demore muito tempo para conseguir o montante total de R$4.200.

Agora é com você! Pegue um papel e uma caneta e faça uma média de quanto você gasta por mês com o essencial. Depois multiplique este valor por 6 e então terá o valor a ser alcançado.

Após juntar este valor, você deve guardá-lo em uma aplicação de renda fixa que seja de alta liquidez. Não sabe o que é renda fixa? É uma modalidade de aplicação financeira com baixo risco em que seus fundos rendem a uma taxa reduzida em comparação com a renda variável, onde a lucratividade pode ser maior porém os riscos seguem na mesma proporção.

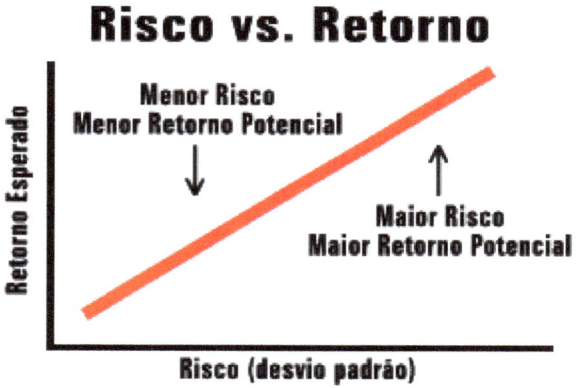

Quanto maior é o risco, maior é o retorno esperado e quanto menor é o risco, menor é o retorno esperado. Porém uma das características para investirmos nossa reserva de emergência é a segurança, logo, uma reserva não pode estar exposta a riscos e preferencialmente deve ser aplicada em um investimento de maior liquidez.

A liquidez é o fator que mede a rapidez que um ativo pode ser consumado. Ou seja, em quanto tempo você pode ter seu dinheiro em mãos.

Onde aplicar minha Reserva de Emergência?

Como dito anteriormente, precisamos de um investimento de renda fixa e com alta liquidez para aplicar nossa suada Reserva de Emergência. Havendo tantos tipos de investimentos, irei falar resumidamente sobre cada um deles.

Caderneta de Poupança

Você pode optar por alocar seus recursos emergenciais na tradicional Poupança. Não sabe como ela funciona? Irei te explicar: A poupança é um investimento em que seus depósitos são alocados e a cada mês completado da permanência desses recursos os juros são creditados.

É possível retirar sua reserva de emergência a qualquer momento, porém, se retirada antes do aniversário de deposito, esta opção não lhe renderá juros.

Por exemplo: Se José depositar sua reserva de emergência de R$5.000 no dia 10 de Janeiro em sua Poupança, o aniversário do investimento será todo dia 10 de cada mês subsequente e o credito dos juros serão adicionados no dia útil posterior mais próximo ao dia 10.

Lembrando que nos dias 29, 30 e 31, a Poupança sempre tem seu aniversário oficial no dia 01 do mês seguinte. Mas porque isso? Pois o mês de Fevereiro tem apenas 28 dias. Logo é aconselhável que você deposite até dia 28. Você pode criar vários depósitos com dias de aniversário diferentes nas poupanças múltiplas.

E como é calculado o rendimento da Poupança? O rendimento da poupança é determinado pela Taxa Selic e pela Taxa Referencial. Então sua rentabilidade depende do valor da Selic.

Regra de Cálculo da Poupança

Selic **acima** de
8,5% ao ano

0,5%
ao mês + TR

Selic **igual ou abaixo**
de **8,5%** ao ano

70%
da Selic + TR

A taxa paga na Poupança difere de Banco para Banco? Geralmente não, todos os bacos oferecem a mesma rentabilidade para a Poupança.

Taxa Selic

Hoje a poupança rende 70% da taxa Selic + TR pois a Taxa Selic está definida em 6%.

A Taxa Selic no dia de hoje está em 6% ao ano e a TR em 0%. 70% de 6% é 4,2% ao ano ou 0,34% ao mês. Se José colocasse sua Reserva de Emergência na Poupança no dia de hoje, daqui a um mês ele teria creditado em sua conta R$17,15 de juros aos R$5.000.

Mas se a Taxa Selic ultrapassar os 8,5% ao ano, a poupança renderá 0,5% ao mês + TR. Um ponto positivo para se aplicar na Poupança é que não se paga imposto sobre aplicações menores que R$50.000. Porém a rentabilidade conseguida com as novas regras da poupança são menos atrativas e você facilmente encontrará investimentos com melhor rentabilidade.

Vimos até aqui que a Taxa Selic é um indicador muito importante para guiarmos nossos investimentos. Mas o que realmente é a taxa Selic? Ela é a taxa básica de juros da economia. É um instrumento de política monetária utilizado pelo BC para controlar o comportamento dos agentes econômicos.

Quando o Banco Central – BC faz um corte na taxa Selic, ele estimula o consumo, pois poupar não se torna tão rentável, por exemplo: com a taxa Selic baixa, muitas pessoas saem dos investimentos de renda fixa para os investimentos de maior riscos. Empresas iniciam suas atividades de expansão devido ao crédito barato. Optam por empreender ao invés de deixar seu dinheiro rendendo a taxas irrisórias.

Porém, quando o BC aumenta a taxa Selic, ele sinaliza que o custo para novos investimentos e tomada de crédito aumentou. Fazendo com que as empresas e pessoas sejam menos propensas a consumir ou tomar um empréstimo. Geralmente essa alta na taxa Selic serve como forma de tentar controlar a inflação e frear o consumo dos agentes econômicos. É mais lucrativo deixar seu dinheiro rendendo a juros mais altos.

Uma queda na Taxa de Juros faz com que a economia fique aquecida, os agentes econômicos ficarão mais propensos a consumir ao invés de poupar. A economia fica superaquecida, o que gera a inflação.

O superaquecimento na economia se dá pela interferência do Banco Central ao projetar uma taxa de juros que não acompanha a realidade. Os indivíduos são estimulados a tomar decisões baseadas numa taxa de juros artificial que foi usada apenas para fomentar o consumo.

A produção não consegue acompanhar o crescimento da demanda dos consumidores, que agora consomem mais. Em razão disto, os preços gerais sobem. O Banco Central entra em cena novamente para controlar a inflação, porém ao aumentar a taxa de juros ele causará desemprego em massa, pois agora as pessoas e empresas estarão menos propensas a consumir e mais cautelosas a assumir riscos.

Curva de Phillips

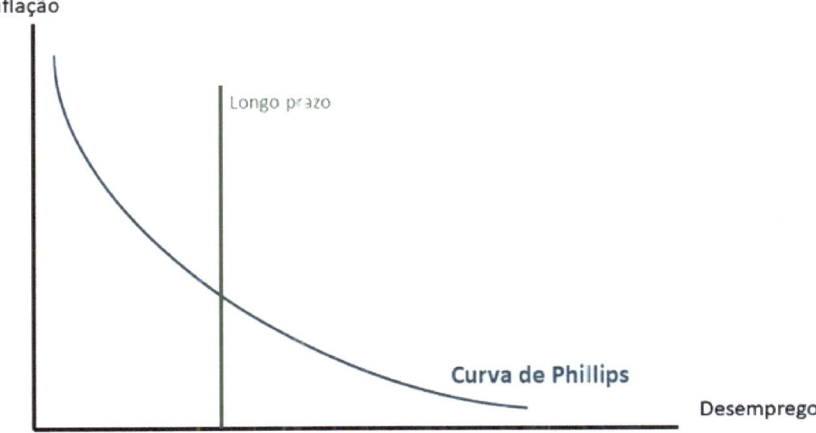

Esse conceito econômico afirma que com uma inflação alta, o desemprego é baixo e inversamente, com um desemprego baixo a inflação é alta. Ou seja, esses dois indicadores se relacionam de maneira inversa. O aumento em um causa a redução em outro.

É um dilema em que o Banco Central deve optar por um trade-off entre inflação e desemprego.

Tesouro Selic

O Tesouro Selic é um Título Público. Ao aplicar seu dinheiro no Tesouro Selic, você empresta seu capital para financiar as atividades do Governo Brasileiro.

Como o próprio nome já diz, o Tesouro Selic segue a Taxa Selic. Rendendo 100% da taxa básica de juros. Que é reajustada a cada 45 dias pelo Comitê de Política Monetária (Copom), órgão subordinado ao Banco Central do Brasil.

O Tesouro Selic é uma LFT ou seja uma Letra Financeira do Tesouro e sua rentabilidade é pós-fixada. É visto como uma aplicação de renda fixa muito segura, pois quem toma o empréstimo é o próprio Estado.

A liquidez do Tesouro Selic é diária, ao contrário da poupança, que rende juros apenas ao completar aniversários. A rentabilidade é calculada diariamente.

O Tesouro Selic é tributado. Sobre seus rendmentos incidem o IOF (Imposto sobre Operações Financeiras) e o IR (Imposto de Renda). Ambos são regressivos. E também a taxa de custódia que hoje está em 0,25% ao ano que é aplicada sobre o montante total investido (capital inicial e juros).

Se você deixar seu dinheiro aplicado por 30 dias sem retirá-lo, você se livrará do IOF. Veja na tabela que conforme o número de dias aplicados passa, o valor retido sobre os juros diminui. No 30º dia a alíquota de imposto é 0%. O governo faz isso para punir os investidores que utilizam os títulos públicos no curto prazo.

Tabela Regressiva do IOF e Alíquotas do IR

Nº Dias	Alíquota	Nº Dias	Alíquota	Nº Dias	Alíquota
1	96%	11	63%	21	30%
2	93%	12	60%	22	26%
3	90%	13	56%	23	23%
4	86%	14	53%	24	20%
5	83%	15	50%	25	16%
6	80%	16	46%	26	13%
7	76%	17	43%	27	10%
8	73%	18	40%	28	6%
9	70%	19	36%	29	3%
10	66%	20	33%	30	0%

Da mesma forma funciona o Imposto de Renda conforme as regras abaixo:

- Investimentos com até 180 dias – Alíquota de 22,5% de IR

- Investimentos de 181 dias a 365 dias – Alíquota de 20% de IR
- Investimentos de 365 dias a 720 dias – Alíquota de 17,5% de IR
- Investimentos acima de 720 dias – Alíquota de 15% de IR

Preste atenção! Sempre calcule a Rentabilidade Real descontando a incidência de impostos e taxas. Vou dar um exemplo:

Maria colocou R$1.000,00 na poupança, a taxa Selic estava em 5,50%. A rentabilidade da poupança é então 70% da Taxa Selic ou seja: 3,85% ao ano ou 0,32% ao mês. Depois de um mês Maria checou seu extrato e notou que o montante total estava em R$1.003,20. Foram acrescidos R$3,20 ao seu capital inicial. Sua lucratividade foi de 0,32% ao mês.

No mesmo cenário, Paulo aportou R$1.000,00 no Tesouro Selic para resgatá-lo um mês depois. O Tesouro Selic rende de forma bruta 100% da Selic que estava em 5,50% ao ano ou 0,46% ao mês. Porém este investimento tem a incidência do Imposto de Renda que é de 22,5% sobre o rendimento para períodos inferiores a 180 dias. Temos 0,46% (retorno mensal do Tesouro Selic) menos 22,5% (IR) que é igual a 0,36% como rendimento líquido. Ao fazer o resgate Paulo ficou com o montante de R$1.003,60. A diferença entre o Tesouro Selic e a Poupança nesse cenário foi de 0,40 centavos ou 0,02%.

Por isso é muito fundamental conhecer a rentabilidade real das aplicações. Sempre que você ver uma rentabilidade atrativa, deduza dela os impostos e taxas para ver se realmente compensa investir.

Certificado de Depósito Bancário (CDB)

Uma outra opção com baixo risco para alocar sua Reserva de Emergência são os Certificados de Depósito Bancário com liquidez diária. Dessa forma, você empresta seu dinheiro para um banco e ele te paga com juros.

Quanto menor é o banco, melhor é a rentabilidade do CDB. Isso está associado aos riscos. Um banco menor é visto com maior desconfiança e para aumentar sua captação ele deve oferecer uma remuneração melhor pelo seu dinheiro. Grandes bancos oferecem taxas menores de remuneração pois seu risco de entrar em falência também é menor.

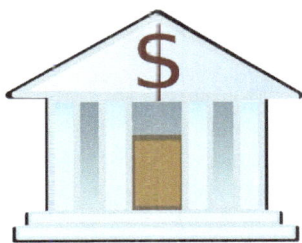

Mas então corro o risco de perder dinheiro? Não! O risco que você corre é emprestar dinheiro para um banco e ele quebrar. Nesse caso, assim como a Poupança, os CDBs são garantidos pelo Fundo Garantidor de Crédito mais conhecido como FGC.

O FGC (Fundo Garantidor de Crédito) é uma entidade privada mantida por bancos que gozam da garantia, criada para proteger os investidores e que permite recuperar até R$250 mil por CPF ou CNPJ caso uma instituição financeira venha a falência.

Como no Tesouro Selic, no CDB incidem o IOF e o IR regressivos. Existem CDBs prefixados e pós-fixados. Os prefixados já te informam o valor esperado de retorno e o pós-fixado que geralmente são atrelados a um indexador só te possibilitam saber a rentabilidade no final do resgate.

Um dos indexadores mais comuns utilizados nos CDBs pós-fixados é a taxa DI, conhecida também como taxa CDI. Em 2018 a taxa do DI acumulada foi de 6,90% ao ano.

Qual a diferença entre CDI e taxa DI? O Certificado de Depósito Interbancário (CDI) é um título negociado pela taxa DI que os bancos utilizam para emprestar dinheiro entre si. Logo, CDI é o nome do título negociado e DI é a taxa negociada. No Brasil, muitas vezes a taxa DI é chamada de taxa CDI.

PROBLEMA PROPOSTO:

Ana deixou R$1.000,00 aplicados em um CDB com liquidez diária no Banco P. Este banco pagaria a ela 100% do CDI. A média do CDI nesse mês em questão foi de 0,57%. Qual foi a rentabilidade líquida de Ana após emprestar seu dinheiro ao Banco P durante 1 mês?

Pegue papel e caneta e responda a esse problema. A solução está na página seguinte.

Solução:

Rentabilidade Líquida = Taxa bruta mensal x (1-IR)
Rentabilidade Líquida = 0,57 x (1-0,225)
Rentabilidade Líquida = 0,57 x (0,77)
Rentabilidade Líquida = 0,44% ou R$1.000,00 x 0,44% = R$4,40

A taxa bruta mensal é de 0,57% e em aplicação com datas inferiores a 180 dias (neste caso foram 30 dias) incide o Imposto de Renda de 22,5% ou 0,225 **A rentabilidade líquida deste CDB foi de 0,44% ao mês ou R$4,40.**

Objetivos de Curto, Médio e Longo Prazo

Depois de ter aplicado sua reserva de emergência em um título seguro e líquido. Agora você deve saber quais são seus objetivos de curto, médio e longo prazo para investir da melhor maneira possível.

O objetivo do investidor não é apenas a acumulação de dinheiro em si. O dinheiro é apenas um meio de obter uma aposentadoria segura, abrir uma empresa ou mesmo juntar um montante especifico para fazer uma viagem dos sonhos.

O dinheiro faz com que você consiga realizar seus desejos. Investir é fazer seu dinheiro trabalhar para você. Traçar seus objetivos é o primeiro passo para conseguir chegar a uma meta. E a abdicação do consumo presente é o regalo dos dias futuros.

No curto prazo você pode escolher investimentos mais conservadores. Se você vai precisar do dinheiro em menos de um ano, não é muito tolerável a exposição ao risco. Logo, aplicações títulos de renda fixa são uma boa pedida pois fornecem um risco baixo.

Para o médio prazo (menor e se você tolerar se expor a um pouco mais de risco, pode optar por aplicações em renda variável como os fundos multimercados com boa gestão e com taxas baixas de administração. Se seu perfil de investidor for mais conservador, você pode optar pelos títulos da dívida pública oferecidos pelo **Tesouro Direto**.

No longo prazo, você pode optar por correr mais riscos pois o espaço de tempo em que você vai precisar do dinheiro é maior. Os investimentos como **fundos de ações** e os **fundos multimercado** são recomendados por serem títulos de renda variável.

Os Perfis de Investidor

No mundo dos investimentos cada pessoa tem um tipo de perfil. O perfil diz muito sobre quão exposto ao risco é o investidor. Os perfis de investidor são: Conservador, Moderado e Agressivo (Arrojado).

Cada um desses perfis é definido, de forma geral, tendo em conta o nível de risco que cada investidor está disposto a passar. Toda instituição financeira é instruída a aplicar este teste aos investidores.

A análise do perfil do investidor leva em conta os objetivos de curto, médio e longo prazo atrelados ao risco que o investidor está disposto a correr.

PERFIL PRAZO	Conservador	Moderado	Agressivo
Curto Prazo	Tesouro Selic CDB Liquidez Diária Fundos RF	Fundos: DI Crédito Privado Multimercado	
Médio Prazo	CDB, LCI / LCA, LC Fundo Crédito Privado	Tesouro IPCA CDB Fundos Multimercado CRI / CRA	Debêntures COE Fundos Multimercado CRI / CRA
Longo Prazo	Tesouro IPCA Fundo Crédito Privado	Tesouro IPCA COE Fundos Multimercado CRI / CRA	Debêntures CRI / CRA Fundos Multimercado

Investidores com o perfil Conservador preferem um baixo risco em seus ativos. Tendo grande preferência por títulos de renda fixa. Comumente ainda estão construindo seu patrimônio e não toleram perdas.

Já os investidores Moderados estão acostumados a um maior risco a longo prazo e também gostam de uma segurança em seus ativos. São bem flexíveis. Procuram diversificar seus investimentos, pois possuem um patrimônio em expansão.

Por fim, os investidores Agressivos que priorizam o lucro no longo prazo, assim investem grande parte de seu capital em renda variável. São mais aventureiros e conhecem melhor o mercado.

Outros Investimentos de Renda Fixa

Apresentei a você três opções de investimento para a aplicação de sua Reserva de Emergência. Estes foram apresentados por serem os mais seguros e também os mais líquidos para caso ocorra um imprevisto.

Após constituir seu fundo de emergência, você poderá dar passos maiores para investimentos de curto, médio e longo prazo cujas rentabilidades são mais altas porém a liquidez é de menor grau.

A seguir irei apresentar os investimentos de curto e médio prazo mais tradicionais do mercado de investimentos em renda fixa.

LCI e LCA

A LCI é a Letra de Crédito Imobiliário, um investimento de renda fixa emitido por instituições bancárias. Seu papel é financiar o setor imobiliário. Geralmente vem atrelada ao CDI ou ao IPCA (Índice Nacional de Preços ao Consumidor Amplo).

A LCA é a Letra de Crédito do Agronegócio e diferente da LCI, serve para financiar atividades referentes ao agronegócio. Também é atrelada a um indexador e assim como o LCI tem data de vencimento.

O que torna esses dois títulos mais atraentes é a não incidência do Imposto de Renda sobre seus lucros. E como geralmente seu resgate é superior a 90 dias, também não incide IOF. Ambos possuem cobertura do FGC.

Atenção!
Não coloque sua reserva de emergência em títulos de renda fixa de curto e médio prazo pois mesmo que a rentabilidade seja maior, sua liquidez é pequena. E em caso de emergência você terá dificuldades para resgatar os fundos!

Letra de Câmbio (LC)

A Letra de Câmbio é um título de renda fixa emitido por uma Financeira. Difere do CDB que é emitido por um Banco. Geralmente é ofertada em prazos superiores a 1 ano. Sua rentabilidade geralmente vêm atrelada ao CDI ou fixada a uma taxa + IPCA.

Assim como o CDB, a Letra de Câmbio (LC) é protegida pelo Fundo Garantidor de Crédito. Se a financeira entrar em falência, você tem essa garantia.

Bancos, Financeiras e Corretoras, qual a diferença?

Os **Bancos** são as instituições financeiras mais conhecidas pelas pessoas. O papel do Banco é emitir investimentos para a captação de recursos e então emprestar esses recursos a taxas maiores para grandes empréstimos.

Ao emitir um investimento, o Banco aceita remunerar o investidor em uma determinada taxa (conhecida como juros). Assim sendo, o banco comercializa o produto "investimento". Esse produto pode ser um CDB, LCI, LCA, entre outros.

Você sabia que o juro é o preço do seu dinheiro em um determinado período de tempo?

As **Corretoras** são distribuidoras de títulos. Elas não emitem investimentos. Atuam como distribuidoras. Na prática, elas são intermediarias na venda e compra de títulos entre o emissor (Bancos e Financeiras) e os investidores. Seu Risco depende do emissor do título e do tipo de papel.

Comumente elas possuem um cardápio mais variado de investimentos. Os Bancos e Financeiras optam pela intermediação das Corretoras pois seu público de clientes com perfis de investimentos é mais direcionado.

Seguindo o mesmo caminho dos Bancos, as Financeiras são instituições que podem emitir títulos de investimento. Entretanto elas são bem menores que os Bancos e possuem menos recursos que eles. O seu grau de risco é maior.

As Financeiras podem emitir Letras de Câmbio e RDB. Esses investimentos de renda fixa são protegidos pelo FGC. Por ser uma instituição mais exposta a riscos, ela emite títulos de investimento com rentabilidades mais atrativas que os Bancos.

Recibos de Depósito Bancário (RDB)

Os Recibos de Depósito Bancário (RDB) são títulos de renda fixa oferecidos por financeiras e bancos para captação e financiamento de suas atividades. Ao adquirir um RDB, você empresta seu capital para a instituição financeira e ela te paga após certo tempo com o acréscimo de juros.

A remuneração do RDB geralmente é pós-fixada e atrelada a um percentual da taxa DI (CDI). Sua liquidez é baixa. O título só pode ser resgatado ao final do período contratado. Quanto maior é o prazo melhor é a rentabilidade.

Sobre os Recibos de Depósito Bancário incidem o Imposto de Renda regressivo e o Imposto sobre Operações Financeiras (caso o resgate seja inferior a 30 dias).

A diferença entre o CDB e o RDB está basicamente no seu órgão emissor. O CDB só pode ser emitido por bancos e o RBD pode ser emitido por bancos e financeiras. A liquidez do CDB tende a ser maior que a do RDB e o CDB pode ser negociado em mercado secundário ao passo que o RDB é intransferível e inegociável.

A liquidez é menor no RDB pois geralmente seu emissor é uma Financeira. Financeiras tem um menor poder de caixa em comparação com os bancos. Para garantir uma estabilidade maior para essas financeiras, esses títulos foram fixados com uma menor flexibilidade de resgate.

Cooperativas de Créditos

As cooperativas de crédito por muitas vezes são confundidas com bancos. Porém existe uma grande diferença entre estes dois. Os usuários do Banco são clientes e os usuários da cooperativa de crédito são associados.

As cooperativas de crédito são instituições financeiras formadas pela associação de pessoas para prestação de serviços financeiros aos associados. Nos bancos você é considerado um cliente e em uma cooperativa de crédito você é um associado, tornando-se sócio da cooperativa.

Enquanto nos Bancos apenas os acionistas tem o poder de voto e sua influência é proporcional ao número de ações possuídas, quem concentra um maior número de ações manda mais. Por outro lado os cooperados tem o mesmo poder de voto nas assembleias das cooperativas.

Nos bancos, os usuários não influenciam nos produtos finais, já nas cooperativas todos participam da tomada de decisão de forma democrática. Nos bancos o lucro é dividido entre os acionistas, nas cooperativas as **sobras** (como são chamados os lucros) podem ser distribuídas proporcionalmente de acordo com a participação de cada cooperado ou mesmo redirecionada para atividades de melhoria na estrutura da cooperativa de crédito.

A cooperativa pode fornecer opções de investimento como a poupança e o **RDC**. Ambos protegidos pelo Fundo Garantidor do Cooperativismo de Crédito (**FGCoop**). Que também protege em R$250 mil cada cooperado caso ocorra intervenção ou falência.

Normalmente as cooperativas de crédito possuem empréstimos com juros mais baixos para os cooperados e cobram um aporte inicial para ingresso.

Recibo de Depósito Cooperativo (RDC)

O Recibo de Depósito Cooperativo (RDC) é um título de renda fixa emitido por Cooperativas. Funciona de forma semelhante ao CDB e ao RDB. Podendo ter rentabilidade prefixada ou pós-fixada. É utilizado para captação de recursos pelas cooperativas.

Sobre o RDC incidem o Imposto de Renda e o IOF regressivo sobre o rendimento. Esse título é comumente oferecido rendendo um pouco abaixo do CDI.

CRI e CRA

Os Certificados de Recebíveis Imobiliários (CRI) e os Certificados de Recebíveis Agrícolas (CRA) são títulos de renda fixa emitidos por instituições securitizadoras destinados a captação de recursos para o financiamento de operações em suas determinadas áreas.

A diferença do CRI e CRA para a LCI e LCA é a instituição de emissão dos títulos, que nos dois últimos é feita pelo Banco. E também a falta de garantia pelo FGC para os CRI e CRA.

As rentabilidades dos CRI e CRA são maiores que as da LCI e LCA pelo seu maior risco. Não incide Imposto de Renda (IR) e os rendimentos são pagos semestralmente ou anualmente. O valor principal é pago no vencimento do título.

São investimentos de médio e longo prazo e o maior risco corrido é o de crédito. Por isso fique atento à classificação do risco.

Renda Variável

Os investimentos de renda variável possuem maior volatilidade que os da renda fixa. Os valores retornados não podem ser especificamente previstos. O risco nessa modalidade de investimento é mais alto pois essa imprevisibilidade tem um conjunto de fatores complexos.

Em tempos de juros baixos, a rentabilidade dos títulos de renda fixa não é tão promissora, logo muitos investidores ousam arriscar um pouco mais nos investimentos de renda variável para obterem melhores retornos.

Esse tipo de investimento é em geral indicado para investidores arrojados, contudo na prática, investidores moderados podem reter parcelas mais conservadoras na renda variável como por exemplo nos fundos de investimento multimercado.

Lembre-se que na renda variável você está exposto ao risco de mercado, podendo tanto colher prejuízo como também lucro. É de fundamental importância respeitar seu perfil de investidor e ter clareza sobre seus objetivos.

A diversificação do seu patrimônio em renda variável pode lhe dar uma maior rentabilidade no longo prazo. Assim, você deve fazer a distribuição dos seus investimentos com cautela e estratégia para que as possíveis perdas não lhe amarguem o gosto por essa modalidade.

Lembre-se que em renda variável a rentabilidade passada não é garantia de rentabilidade futura.

Fundos de Investimento

Um Fundo de Investimento é uma aplicação que agrupa recursos de vários investidores. Esses investidores ao aportarem dinheiro no fundo se tornam cotistas. O diferencial desse produto é a diversificação da carteira ou cesta de investimento.

Eles podem ser constituídos por títulos de investimento em renda fixa e variável e todos os cotistas colhem a mesma rentabilidade. Nesses fundos você tem acesso a produtos que antes sozinho não teria, pois fundos de investimentos contam com um patrimônio maior, o que os facilita ter acesso a mais mercados.

É imperioso que o investidor saiba em quais investimentos determinado fundo é direcionado. Como os gestores desse tipo de investimento tem maior liberdade na escolha dos papéis, são vários os focos que os fundos multimercados podem traçar.

Fundos de renda fixa normalmente possuem no mínimo 80% destinado a renda fixa e o restante em derivativos. Derivativos são usados para uma possível alavancagem na rentabilidade do fundo.

Cotas e Come-cotas

A cota é uma pequena unidade de um fundo de investimentos. O patrimônio total de um fundo é a soma de todas as cotas dos investidores.

O come-cotas é parte do imposto de renda (IR) antecipado que incide sobre os rendimentos dos fundos de investimento. Esse imposto é debitado semestralmente de sua carteira (no último dia útil de março e novembro) independentemente do tempo em que o investidor fez a aplicação. Ele acaba diminuindo (ou comendo) o número de cotas (por isso o nome).

Essa antecipação de recolhimento é feita pois os fundos não possuem data de vencimento especifica e para o estado era imprevisível saber quando ele receberia os impostos já que o investidor poderia deixar seu dinheiro no fundo por décadas.

Os fundos multimercado e de renda fixa possuem essa taxação semestral. Já os fundos de ações não possuem come-cotas, porém o imposto de renda pago é de 15% sobre os rendimentos no momento do resgate.

Se seus objetivos são de **longo prazo**, é preferível que você compre ativos diretamente, visto que o come-cotas diminui muito a capitalização dos juros compostos.

A alíquota do come-cotas que incide sobre os fundos varia de acordo com a classificação do fundo, se ele é de curto ou longo prazo.

Se o fundo for de **curto prazo** será aplicada a alíquota mínima de 20% semestralmente sobre o rendimento do período e no resgate, caso ele ocorra em menos de 180 dias serão recolhidos os 2,5% restantes do Imposto de Renda regressivo. Caso o resgate seja superior a 180 dias não é cobrado a alíquota complementar, pois o recolhimento mínimo já foi de 20% semestralmente.

Fundos de Renda Fixa Curto Prazo			
Prazo do Investimento	Imposto Semestral ("come cotas")	Alíquota Complementar	Alíquota Total
Até 180	20%	2,5%	22,5%
Acima de 180	20%	0%	20%

Quando o fundo de investimento é de **longo prazo** é aplicada a alíquota mínima de 15% semestralmente sobre os rendimentos e de acordo com o tempo do resgate é cobrada a alíquota complementar ao período investido.

Fundos de Renda Fixa Longo Prazo			
Prazo do Investimento	Imposto Semestral ("come cotas")	Alíquota Complementar	Alíquota Total
Até 180	15%	7,5%	22,5%
De 181 a 360	15%	5%	20%
De 361 a 720	15%	2,5%	17,5%
Acima de 720	15%	0%	15%

Como esse imposto come as cotas? Para facilitar a explicação lhe darei um exemplo.

Josifane aplicou R$10.000 em um fundo de investimento de longo prazo. Cada cota nesse fundo valia R$1,25, logo ela possuía **8.000 cotas**.

Para encontrar a quantidade de cotas possuída é preciso dividir o montante aplicado no fundo pelo valor de cada cota no momento. Aqui temos:

R$10.000/R$1,25 = **8.000 cotas.**

Em 31 de março (dia em que incide o come-cotas) ela verificou seu número de cotas.

Nesse período o fundo recebeu rendimentos de R$800,00 e seu montante total aplicado (rendimento + capital) passou a ser de R$10.800,00, o valor de suas cotas havia aumentado para R$1,35. Ela não havia feito nenhum resgate e então o número de cotas permanecia 8.000.

O imposto come-cotas veio e:

Os ganhos no período foram de R$800,00 e a alíquota de 15% incidiu sobre esse rendimento. O valor retirado pelo come-cotas foi de R$120,00.

R$800,00 x 0,15% = **R$120,00**

O valor das cotas no período era de R$1,35. Logo para apurarmos as cotas subtraídas pelo imposto devemos dividir o valor bruto retirado pelo valor unitário das cotas no período.

R$120,00 / R$1,35 = **88,88** cotas foram comidas pelo leão.

Antes Josifane tinha 8.000 cotas e agora tem **7.911,12 cotas**.

Fundos Multimercados

Os fundos Multimercados são produtos financeiros ofertados com uma grande diversificação de investimentos em uma cesta gerida por um profissional. São compostos por uma grande variedade de papéis.

Os fundos multimercados são divididos em três categorias principais de acordo com a ANBIMA, são eles os fundos multimercados de Estratégia, Alocação e Exterior.

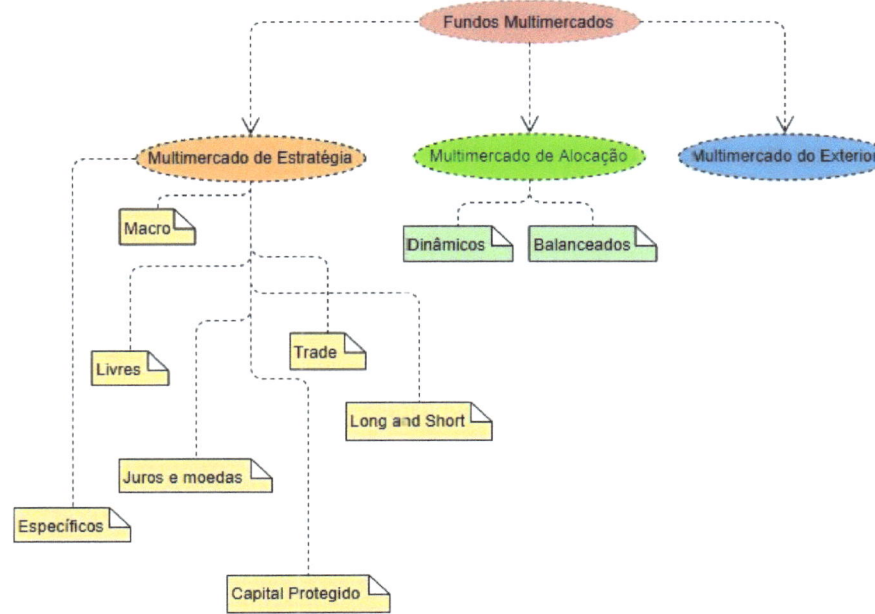

Os **Fundos Multimercado de Alocação** buscam retorno no longo prazo seguindo um tipo de estratégia. Esse tipo de fundo se subdivide em dois: Os Fundos Multimercado de Alocação Dinâmicos e Balanceados. Os fundos **Dinâmicos** não seguem um planejamento preestabelecido ao contrário dos fundos **Balanceados**, que buscam certa estabilidade focando numa alocação predefinida.

Já os **Fundos Multimercado do Exterior** geralmente aplicam mais de 40% de sua composição em títulos de ativos no exterior.

Fundos Multimercado de Estratégia buscam retorno tendo estratégias concentradas em cada linha de ação. Se subdivide em fundos Macro, Trade, *Long and Short*, Juros e moedas, Livres, Capital Protegido e Específicos.

Os Fundos de Estratégia **Macro** focam sua atenção nos cenário econômico. Os Fundos **Trade** buscam ganhos em curto prazo. ***Long and Short*** buscam distorções de preços de ativos correlacionados. Os Fundos de Estratégia de **Juros e moedas** focam em retornos fazendo operações em taxa de juros e moeda estrangeira. Os de Estratégia **Livre** dão maior liberdade para o gestor. Os Fundos de **Capital Protegido** reagem a possíveis perdas com a proteção do capital. Já os Fundos Multimercado **Específicos** adotam estratégias visando riscos específicos, por exemplo um fundo com estratégia especifica em commodities (produtos de qualidade uniforme. Ex: Milho, petróleo e café.)

FUNDOS MULTIMERCADO DE ESTRATÉGIA		
MACRO	TRADE	LONG & SHORT
JUROS E MOEDAS	LIVRES	CAPITAL PROTEGIDO
	ESPECÍFICOS	

Fundos Cambiais

Os fundos cambiais são fundos de investimento que apostam em ativos atrelados a moedas estrangeiras. Seu foco é na proteção do patrimônio investido em moedas mais fortes em detrimento das desvalorizações nas moedas mais fracas.

Devem ter o mínimo de 80% da carteira em ativos ligados a moedas. Devo mencionar que as operações de aplicação e resgate desse investimento são feitas em moeda nacional (R$).

Uma alta do dólar perante ao real por exemplo pode trazer rentabilidade positiva em fundos que investem no dólar. Cada dólar acabará comprando mais reais. Ou inversamente, uma alta no real poderá diminuir a rentabilidade do fundo, assim mais dólares precisaram ser usados para comprar certa quantia de real.

Nos fundos cambiais existe a incidência do come-cotas como já explicado anteriormente.

Fundos Imobiliários (FIIs)

Assim como as LCI e CRI (títulos imobiliários) os Fundos de Investimento Imobiliário são focados no setor de construção. Por meio destes fundos, os investidores podem apostar na valorização dos imóveis sem precisarem comprá-los.

Nesses fundos todo mês é depositado na conta da corretora o aluguel (rendimento) proporcional a quantidade de cotas compradas. Não incidem impostos sobre o aluguel recebido porém se você obter algum lucro ao vender suas cotas incide-se a alíquota de imposto de 20% sobre o lucro líquido (descontado emolumentos e taxas de administração do fundo).

Esse imposto deve ser pago diretamente pelo investidor por meio de uma DARF (Documento de Arrecadação de Receitas Federais). Então fique atento!

Os FIIs não tem incidência do come-cotas e são divididos primordialmente em três tipos: Os fundos de tijolo, papel e os híbridos. Os fundos de tijolo geralmente focam em empreendimentos de construção como shoppings, hospitais e escritórios corporativos.

Já os fundos de papel geralmente são aplicados em títulos financeiros do setor imobiliário como o CRI e a LCI. Por fim os fundos híbridos que buscam uma mescla de investimentos em empreendimentos, títulos e até cotas de outros FIIs.

A liquidez dos FIIs variam, porém eles são mais líquidos do que um imóvel.

Fundos de Ações

Os fundos de ações são investimentos de renda variável que devem aplicar no mínimo 67% do patrimônio em ações negociadas na bolsa de valores. Fundos de ações são indicados para objetivos a longo prazo em que o fator risco não é um bloqueador.

O administrador desses fundos procura sempre seguir uma estratégia, seja ela de gestão ativa ou passiva. Na gestão passiva as alocações visam apenas acompanhar a variação de um dos índices de renda variável como o Ibovespa. Já na gestão ativa ele procura superar esses índices de performances.

São tipos de fundos de gestão ativa em ações os pautados em Valor/Crescimento, Setoriais, Dividendos, *Small Caps*, Sustentabilidade/Governança, Livres, Específicos e de Investimento no Exterior.

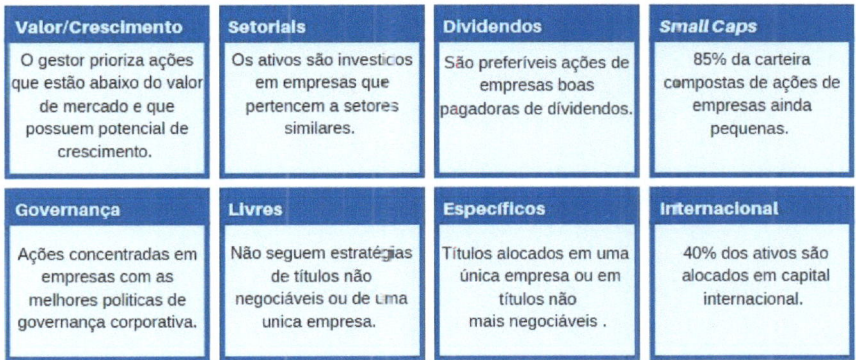

Sobre os fundos de ações não há o famoso come-cotas. Não obstante o imposto de renda sobre esses fundos é fixado na alíquota de 15% sobre os rendimentos.

Ações

A Ação é um dos principais títulos de Renda Variável. Ações são títulos emitidos por empresas listadas na Bolsa de Valores. A

Bolsa de Valores é basicamente um mercado organizado onde empresas grandes, médias e em expansão captam recursos por meio da oferta de ações.

A B3 é a maior bolsa de valores brasileira. Nela estão listadas 328 empresas de capital aberto. Ao comprar uma ação você se torna dono de parte dessa empresa, participando assim da repartição dos lucros ou prejuízos.

O valor das ações oscilam conforme a condução dessas empresas, a demanda pelos títulos e o cenário interno e externo do país. Por isso as ações são consideradas títulos de maior risco pois dado o grande número de fatores desconhecidos à primeira vista, não podemos afirmar com total certeza o futuro desses empreendimentos.

Existem dois tipos de ações: as ações ordinárias e preferenciais.

As **ações ordinárias (ON)** são títulos que concedem direito a voto nas assembleias das empresas. Quando essas empresas são compradas por outras empresas, os acionistas minoritários recebem no mínimo 80% do valor ofertado ao grupo controlador na aquisição das ações ordinárias.

Ações ordinárias tem um crescimento maior quando o mercado espera pela mudança de controle acionário. As ações ordinárias são identificadas pela sigla ON e no nome das ações pelo número 3. Por Exemplo: PETR3, VALE3 e BIDI3.

As ações preferenciais (PN) são títulos que concedem preferência no recebimento de dividendos. A lei assegura que os portadores desses títulos devam receber 10% a mais do que os portadores de ações ordinárias na distribuição de dividendos. Por outro lado, os acionistas preferenciais não possuem direito a voto.

Além disso, ações preferenciais podem ser subdivididas por classes, como "A, B, C". Cada classe tem um diferencial e isso deve constar no Estatuto Social da empresa. Ações preferencias terminam com o número 4. Por exemplo: PETR4, ITUB4 e CMIG4.

Comumente os papeis de ações preferenciais são mais líquidos do que os papéis ordinários.

Custos de se investir em ações

Investir em ações tem custos. O primeiro deles é a **taxa de corretagem** que pode ou não ser cobrada dependendo da sua corretora. Geralmente é aplicada sobre cada transação (ordem executada) em um valor fixo ou variável.

Em certas regiões a corretagem (atividade das corretoras) está sujeita ao imposto sobre serviço. O imposto ISS pode ser aplicado junto com os custos de corretagem, correspondendo a 5% da taxa de corretagem. Existem corretoras que não cobram diretamente essa taxa.

Em algumas corretoras ainda é cobrado a **taxa de custódia**. Um valor cobrado para que elas guardem os investimentos no CPF do investidor.

Os **Emolumentos** são cobrados pela B3 (Bolsa de Valores Brasileira) junto da CBLC (Companhia Brasileira de Liquidação e Custódia) para processar as ordens de mercado e sua liquidação.

Quando o volume total de ações vendidas em um mês for superior a R$20 mil se incide o Imposto de Renda de 15% sobre os rendimentos. Por exemplo: Se Silvio comprou R$10 mil em ações e vendeu essas ações por R$21 mil em um mês, haverá incidência de IR. O lucro foi de R$11 mil, porém o valor vendido ultrapassou o valor não tributado. Logo ele pagará 15% dos rendimentos ou seja: R$1.650.

Um pouco de Economia

A Economia é uma ciência humana que estuda o uso dos recursos limitados de produção frente a inúmeras possibilidades de uso. Seu entendimento é primordial para que possamos entender como as pessoas se comportam e como elas alocam seus recursos frente a estímulos econômicos. Basicamente, a economia estuda como as pessoas tomam decisões.

A tomada de decisões dos indivíduos

Uma coisa precisa ficar clara: Nós indivíduos agimos motivados por interesses, até mesmo o amor ao próximo é um pautado no interesse. Para darmos algo, precisamos receber algo. Seja em valor monetário, em retribuição de favores ou mesmo em satisfação mental. Como Adam Smith disse:

> *"Não é da benevolência do açougueiro, do cervejeiro e do padeiro que esperamos o nosso jantar, mas da consideração que ele têm pelos próprios interesses. Apelamos não à humanidade, mas ao amor-próprio, e nunca falamos de nossas necessidades, mas das vantagens que eles podem obter."*

Uma troca econômica só será efetuada quando as duas partes concordarem com os termos de troca e perceberem uma potencial melhoria em suas satisfações. É racional pensar que estes termos sejam benéficos para ambas as partes.

A primeira vista dificilmente alguém faria uma troca em que saísse perdendo. Novamente aqui não estamos falando apenas de valores monetários, embora a maior parte das trocas sejam efetuadas visando-o.

Por exemplo quando um rico velho viúvo se casa com uma mulher trinta anos mais nova que ele. Visando presenteá-la ele dá a ela sem pensar duas vezes uma de suas fazendas. Você acha que a troca foi benéfica para ambos? Provavelmente responderia não.

Ao analisarmos o caso, imediatamente iremos comparar o ganho monetário do velhinho (que foi de 0 reais) ao dar uma fazenda que custaria somas altíssimas a primeiro modo "de graça" para a namorada sem que ela tivesse que dispender nenhum valor monetário para receber essa grande fazenda.

Mas analisando a fundo essa situação, devemos levar em conta a satisfação do velhinho em agradar sua nova namorada. Ele recebeu a satisfação de fazê-la feliz e ela a alegria de ter uma fazenda.

Tendo isso em mente, poderemos seguir para um outro conceito, o custo de oportunidade mais conhecido como **Trade-off**.

Custo de Oportunidade (*trade-off*)

Nossas ações envolvem *trade-off*, devemos abrir mão de certas coisas para obtermos outras. Por exemplo: Se eu optar por estudar para prova do final de semestre neste domingo não terei tempo para ir a uma festa.

Os indivíduos sofrem *trade-off* seja por escolha direta ou indireta. Um *trade-off* indireto geralmente é iniciado por um político ou grupo institucionalizado que cria e demanda eis para que todos os indivíduos de um grupo as sigam.

Digamos, que um grupo político criou uma lei que transfere renda dos mais ricos para os mais pobres. Aqui teremos um *trade-off* de eficiência por igualdade. O estímulo ao trabalho e a produtividade são reduzidos em troca de maior igualdade.

Cotidianamente nos deparamos com ocasiões em que esse conceito pode ser aplicado. Quando você faz compras, trabalha ou estuda, toma decisões lógicas quanto a disposição do seu tempo e dinheiro.

Por exemplo: Seu custo de oportunidade (*trade-off*) ao ler este livro é seu tempo que poderia ser utilizado para fazer outra coisa. Logo, podemos conceituar o custo de oportunidade como sendo a desistência de algo para se ter ou fazer outro.

Oferta e Demanda

Os agentes econômicos motivados pelo seu interesse criam o processo de mercado. Transações econômicas conhecidas como oferta e demanda. Estes dois conceitos são muito importantes na economia.

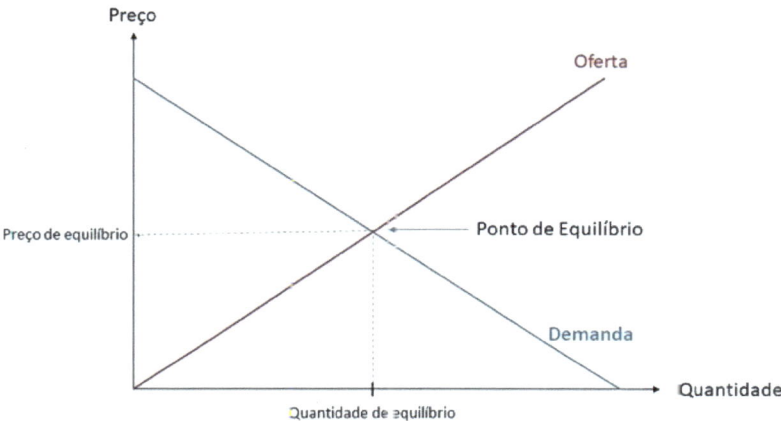

Aqui devemos notar que ao lado da oferta, o produtor estará mais disposto a ofertar mais do mesmo produto caso seu preço aumente pois maior será seu lucro. Ao lado da demanda, o consumidor estará disposto a abrir mão do consumo caso o preço aumente e estará disposto a comprar quando seu preço diminua pois salvará mais para o consumo de outros bens.

Se ambos têm interesses contrários nos preços dos produtos e serviços, como cada um obtém o que quer? Resumidamente, ambas as partes conseguem o que querem quando elas atingem o ponto de equilíbrio. Ou seja, o ponto em que tanto o ofertante quanto o consumidor estão dispostos a efetuar a troca.

Por exemplo: Você vai a feira e vê uma melancia graúda e deseja muito comprá-la. O feirante anuncia ela por R$15 e você não está disposto(a) a pagar este preço. Com muita pechincha você pede para que o feirante abaixe para R$11 o valor da melancia. O feirante sabendo que o custo unitário de produção de cada melancia foi de R$6, aceita trocar a melancia pelos seus R$11.

p. 61

Desta forma o feirante valorou mais os R$11 ofertados do que a melancia e você inversamente. Uma troca voluntária em que você e o feirante chegaram a um ponto de equilíbrio. Ambas as partes saíram ganhando.

Note que em nosso mundo estamos sempre sendo guiados pelos preços. Os preços são indicadores valiosos para nossa tomada de decisão e falarei sobre eles no próximo tópico.

Preços

Os preços são indicadores dinâmicos guias de nossas escolhas de mercado, por meio deles milhões de indivíduos coordenam suas ações e contribuem para uma economia de mercado (processo mercadológico). Nos deparamos com eles por todos os lugares e sem eles nossa vida moderna não seria tão prática.

Como os preços alocam recursos?

Pense em uvas, ou melhor em geleias de uvas! Imagine que aconteça uma seca e a produção de uvas tenha caia devido ao mal tempo. Com a seca, a oferta de uvas diminui, logo o agricultor cobrará mais pelo preço de suas uvas para entregá-las a fábrica de geleia e ela cobrará mais ao supermercados pelo produto agregado (valor econômico adicionado) e esse preço chega até você. Você nota o aumento e então decide se quer ou não o produto.

A escassez explica o aumento de preço dos derivados de uva. As pessoas valoram a geleia de uva e então existe uma demanda constante por ela, mas com a seca a oferta de uvas no mercado ficou menor e o preço delas subiu. A fábrica de geleia de uva pagou mais por sua matéria prima. Logo os preços sinalizam isso para o consumidor. O custo para a produção aumentou.

Nesta parte devemos nos atentar à maneira com que as pessoas vão reagir a esta mudança de preço. Alguns consumidores que acham indispensável o consumo de geleia de uva estarão dispostos a pagar mais por ela. A maioria dos consumidores no entanto, que são sensíveis ao aumento de preço irão procurar por produtos substitutos, por exemplo: geleia de açaí.

Veja que apesar da seca, os preços ordenaram os agentes econômicos a fazerem escolhas racionais entre ter ou não ter o produto, pois não houvera tantas uvas como antes. Passando assim a informação de escassez por meio do preço.

Controle de Preços

O controle de preços de produtos, serviços e rendimentos é uma medida utilizada por órgãos governamentais para proteger os interesses de certo grupo. Muitos economistas são céticos sobre essa política pois o controle de preços distorce a alocação de recursos e causa muitos efeitos não vistos no primeiro momento.

Quando o governo institui um **preço mínimo,** ele previne que os bens sejam ofertados a preços abaixo do valor fixado, assim incentiva a produção de certo produto em detrimento de outro.

Em um exemplo: Ao impor um preço mínimo de R$20 na saca de feijão quando seu preço de equilíbrio era R$10, o governo promove a produção de feijão pois o agricultor será incentivado pelo lucro garantido por lei.

Mas isso é o que se vê, como Bastiat observou em sua obra "O que se vê o que não se vê". O que não se vê é que ao promover a produção de um produto, o governo diz ao mercado artificialmente que as pessoas valorizam mais o feijão do que o arroz, o milho ou o trigo.

Guiados por preços garantidos, mais pessoas vão se interessar pela produção de feijão. Pois o risco é menor por terem o preço garantido por lei. Porém esse preço não será justificado pela escassez do bem nem pela demanda e logo o preço real será muito menor do que aquele preço tabelado, pois mais pessoas produziram daquele bem com esperança de lucro garantido.

Logo, a oferta de feijão vai aumentar e a produção de outras sementes será desincentivada. Você vai ir ao mercado e encontrará estoques cheios de feijão, mas notará prateleiras vazias de arroz ou mesmo com um valor muito mais alto pois agora o arroz tornou-se escasso.

Quando o governo institui um **preço máximo**, ele proíbe que os preços excedam um determinado valor.

Por exemplo: Se o governo impõe um preço máximo para o queijo, muitos produtores serão desencorajados a produzir queijo, pois se o valor máximo, digamos seja posto em R$10 e o ponto de equilíbrio do queijo seja em R$15 num dado momento, os produtores serão desmotivados a produzir queijo, pois o novo preço os onera e corta parte da sua lucratividade, logo eles passarão a produzir outros produtos mais rentáveis.

Assim haverá uma falta de queijo no mercado pois sua produção não é interessante ao preço estipulado. E quando a escassez do bem é sentida pelo mercado, o valor real do queijo será maior e isso dará origem a um **mercado paralelo** (onde os produtos são vendidos sem a restrição de preço).

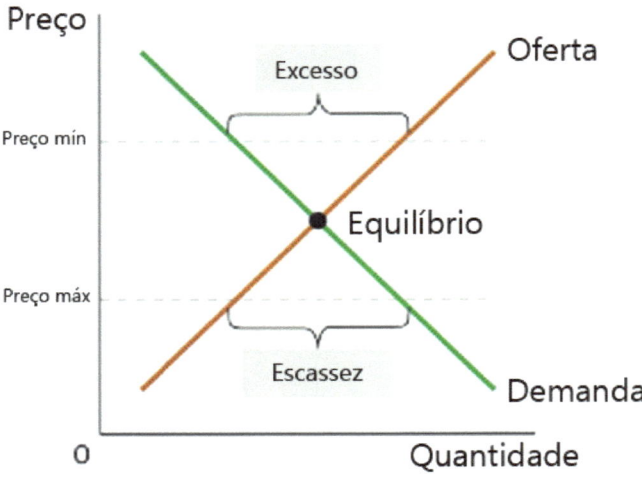

Uma imposição de preço mínimo é a instituição do **salário mínimo**, ao impor essa condição para contratação de trabalhadores legais, o governo cria desempregados pois nem todas as firmas estarão dispostas a contratar trabalhadores pelo preço mínimo estipulado. A oferta de mão de obra aumentará mas a demanda por ela formalmente será diminuída.

Exemplificando: João e Raquel trabalham como caixas no mercado de Carlos. Carlos paga todo mês a cada um deles o valor de R$500 pelo trabalho.

Em Brasília, os legisladores passam uma lei para que todos os estabelecimentos comerciais paguem ao trabalhador um salário mínimo de R$1000.

    Carlos preocupado com a notícia pega sua calculadora e começa a fazer contas. Ao fim do dia conclui que é insustentável manter seu negócio com dois funcionários. Pois agora com a lei ele terá que desembolsar R$2000 com o pagamento dos salários e não mais os R$1000 de antes.

    A questão é que nem a produtividade nem as vendas aumentaram. Fica dispendioso para Carlos pagar essa nova quantia. Logo Carlos decide demitir João e começa a sobrecarregar Raquel com trabalhos diversos para poder suprir a falta de outro funcionário.

    Veja que com a instituição de um salário mínimo, o dono do mercado não teve a opção de manter dois funcionários que seu negócio demandava.

Moeda

Na antiguidade os indivíduos faziam trocas para conseguir outros produtos. Este método era chamado de escambo. Uma pessoa que produzisse arroz e precisasse de um serrote teria de procurar alguém disposto a fazer essa troca.

O problema fundamental era achar alguém com um serrote disposto a trocá-lo por um pouco de arroz. As moedas-mercadorias que pela sua maior utilidade reservavam alguma espécie de valor surgiram. O gado, o sal (no interior dos continentes), o açúcar, etc.

Pela oscilação dos preços dessas mercadorias começamos a utilizar os metais. Eles apresentam as características principais de uma moeda pois são duráveis, divisíveis e uniformes.

Os metais mais raros se sobressaíram pois tinham uma oferta limitada e por sua raridade eram aceitáveis. Assim o ouro e a prata se estabeleceram como moeda de aceitação geral. Metais que pela raridade e beleza eram apreciados por várias culturas.

Características do Dinheiro:

I. Durabilidade – Deve fornecer características para que o valor não se perca.
II. Portabilidade – Deve ser de fácil transferência.
III. Divisibilidade – Deve ser divisível.
IV. Uniformidade – O dinheiro precisa ser conhecido e seu valor entendido.
V. Oferta limitada – Sua emissão não pode ser irrestrita.
VI. Aceitabilidade – O dinheiro deve ser aceito por outros como meio de pagamento.

Ao passo em que o mercado econômico foi ficando mais complexo, as moedas-mercadorias começaram a mostrar sinais de limitação. Moedas-mercadorias eram difíceis de transportar e para negociações grandiosas isso era um empecilho.

Assim, as pessoas começaram a depositar seu ouro e prata nas casas bancárias que por sua vez emitiam um certificado de posse para o depositante. Quando o portador deste título estivesse em uma outra cidade atendida pelo banco, ele recebia a mesma quantidade de ouro identificada no papel. Os bancos também passaram a emitir notas de face que valiam ouro. O surgimento do papel-moeda na forma de títulos e o desenvolvimento do sistema bancário, abriram precedentes para a imposição da moeda fiduciária.

Para que os bancos não quebrassem devido a emissão desenfreada de títulos sem valor ou criassem uma inflação descontrolada, o estado começou a monopolizar a emissão da moeda fiduciária por meio de um Banco Central.

Instituindo por meio de leis uma moeda de curso forçado, como o Real, que não pode ser recusado como meio de pagamento, logo o estado garante o valor de face dessa moeda como algo trocável por outras coisas. Dessa forma a máquina estatal consegue criar dinheiro sem precisar de um ativo para lastrear.

Palavras Finais

Nem eu nem você possuímos todo o conhecimento do mundo. O conhecimento é disperso sobre cada um de nós. Todo dia, bilhões de pessoas interagem, geram novas informações e demandas que nenhum órgão central conseguiria nomear.

O papel do empreendedor nesse cenário é ousar descobrir novas demandas de mercado sem a interferência do estado. Em um processo de mercado dinâmico ele não terá assegurado o lucro e todos os seus esforços serão para otimizar seus empreendimentos.

O lucro e o prejuízo serão seus indicadores para o que deve ser ou não alocado. Eles sinalizam ao empreendedor a necessidade de mudança.

A incerteza é a grande variável do futuro. Imagine se tivéssemos certeza de tudo?

Essa incerteza lhe ajudará a trilhar um caminho de descobertas. Lembre-se que a luz da sabedoria vai ser seu guia quando andares por caminhos desconhecidos. Como escreveu Ludwig von Mises:

> "Idéias e somente idéias podem iluminar a escuridão".

www.ingramcontent.com/pod-product-compliance
Lightning Source LLC
Chambersburg PA
CBHW040322220526
45473CB00009B/2535